# Lüneburg

## lieben lernen

*Der perfekte Reiseführer für einen unvergesslichen Aufenthalt in Lüneburg inkl. Insider-Tipps, Tipps zum Geldsparen und Packliste*

Amelie Hanken

# ✈ INHALT

# Das erwartet Sie in diesem Buch

**W**enn Sie erwachsene Männer und Frauen in Höchstgeschwindigkeit Fässer über den Marktplatz rollen sehen, wenn das moderne Stadtleben in historische Bauwerke einzieht, wenn Ihnen die „Salzsau" entgegenlacht, dann befinden Sie sich in der Salz- und Hansestadt Lüneburg im niedersächsischen Norddeutschland.

Sie fragen sich, warum Sie gerade Lüneburg als Reiseziel wählen sollten? Dann finden Sie hier die

Antworten. Egal, ob Sie die historische Altstadt mit anspruchsvollen und seltenen Bauwerken fasziniert oder Sie sich am liebsten in beeindruckenden Naturschutzgebieten mit geschichtlich interessanten Hintergründen aufhalten, Sie kommen auf Ihre Kosten. Wenn Sie abends gerne durch urige Bars flanieren oder tagsüber in ruhigen Cafés pausieren, dann werden Sie hier fündig. Ob romantischer Pärchenurlaub, als Single oder mit der ganzen Familie, in Lüneburg erfüllen sich Ihre Wünsche. Aber ein wenig Vorsicht sollten Sie trotzdem walten lassen: Wenn Sie nicht versehentlich berühmt werden möchten, gelangen Sie am besten nicht in das Filmset der Fernsehserie „Rote Rosen", welche zwar im ARD ausgestrahlt, aber zu Recht im wunderschönen Lüneburg abgedreht wird.

Dieser Reiseführer ermöglicht Ihnen die Planung eines auf Ihre Bedürfnisse abgestimmten Aufenthaltes mit Ausflugszielen, jährlich wiederkehrenden Veranstaltungen sowie „Geheimtipps", die Ihnen unvergessliche Erlebnisse ermöglichen werden. Außerdem werden Sie über Kuriositäten wie das „Schwangere Haus" aufgeklärt oder die Tatsache, welches Mineral nach Lüneburg benannt wurde.

Bevor Sie zu stöbern beginnen, abschließend noch ein Zitat einer Lüneburger Band. „Top for Tea" trifft es in dem „Lüneburg-Lied" auf den Punkt: „Ich bin ein Lüneburger und deshalb weiß ich ganz genau, die schönste Stadt der Welt liegt an der Ilmenau".

# Faszination Lüneburg

L üneburg zeichnet sich durch etliche Faktoren als sehenswerte, wertvolle Urlaubsstadt aus. Die Faszination für diese Stadt ist unter anderem bedingt durch die interessante Geschichte ihrer Altstadt oder der Tatsache, dass viele Menschen einen Teil Lüneburgs bereits durch die Fernsehserie „Rote Rosen" kennen und nun die Stadt selbst erleben möchten.

# HISTORIE DER ALTSTADT

Bereits die Neandertaler bewiesen einen guten Geschmack im Bereich „Wohnortsuche". Sie besiedelten bereits vor 150.000 Jahren den Ort, der heute als „Lüneburg" bekannt ist, nachweisbar durch Faustkeile, welche es zu dieser Zeit gab. Auch diverse weitere Fundstücke belegen – die Eiszeit ausgenommen – eine stetige Bevölkerung. Viele hiervon lassen sich heute im „Museum Lüneburg" bestaunen.

Die Geschichte Lüneburgs ist vielseitig und umfassend. Im Folgenden werden die wichtigsten Eckdaten zur Entstehungsgeschichte der historisch wertvollen Altstadt herausgearbeitet und zusammengefasst:

Lüneburg entstand aus zwei Siedlungen mit den Namen „Hliuni" und „Modestorpe". Durch eine hervorragende Wirtschaft, welche ursprünglich durch den Salzabbau entstehen konnte (Näheres dazu im Kapitel „Lüneburg und das weiße Gold"), vergrößerte sich das heutige Lüneburg rasend schnell, damals bekannt als „Lunaborch". Nachdem Lüneburg erstmals 1200 n. Chr. das Stadtrecht erhielt – bis dato dem angrenzenden „Bardowick" untergeordnet –, entwickelte es sich zu einer Stadt mit höchster

Bedeutung für den Handel in ganz Nordeuropa. Dieses galt nun nicht mehr nur für den ursprünglichen Salzhandel, sondern ab dann in diversen unterschiedlichen Bereichen. Bereits 1371 konnte Lüneburg sich dann als „unabhängige Stadt" betiteln. Die Dokumente mit der dazugehörigen Urkunde gehören noch heute der Stadt. Zu diesem Zeitpunkt war Lüneburg schon ein einflussreicher Teil der Hanse, was dazu führte, dass es 1412 gemeinsam mit Hamburg als Vertreter dieser gewählt wurde.

Einem enormen Einbruch der wirtschaftlichen Lage war es dann im 16. Jahrhundert ausgesetzt. Durch das Ausbleiben des Salzhandels, welcher die Stadt bis dahin noch immer am meisten gestärkt hatte, kam es zu enormen Einbußen. Die Bauwerke wurden ab dann nicht weiter ausgebaut, sodass der heutige Stadtkern nahezu unverändert aus der Zeit des 16. Jahrhunderts stammt. Glücklicherweise blieb dieser auch in nachfolgenden Kriegen weitestgehend unbeschädigt, lediglich umliegende Gleise, welche elementar wichtig für den Handel waren, wurden durch Bombardierung zerstört. Aus diesem Grund gilt die Altstadt Lüneburgs heute als eines der wichtigsten Denkmäler frühester Zeiten und ist eine begehrte Touristenattraktion. Höchst lohnenswert sind die Stadtführungen, die Lüneburg anbietet. Von der kuriosen „Henkerführung" über die „Stadt- und Museumsführung" bis zur „Rathausführung für Kinder" – um nur drei zu nennen – ist für alle etwas dabei, um die Geschichte Lüneburgs unterhaltsam hautnah zu erleben.

## LÜNEBURG UND DAS WEIßE GOLD

Wie im vorangegangenen Kapitel beschrieben, hat das Salz sich für Lüneburg eindeutig zum „weißen Gold" entwickelt. Der Legende nach erlegten vor über 1.000 Jahren Jäger eine Wildsau, deren Fell weiß war, von körnigen Kristallen durchsetzt. Nach einer Kostprobe definierten sie diese als Salz und fanden nach kurzer Suche die Quelle hierfür. Es stellte sich heraus, dass Lüneburg etliche nahezu unersättliche Quellen des Salzes besaß. Seitdem wurde es großflächig abgebaut und bildete den Start des Reichtums und der Macht Lüneburgs. In Gedenken an die „Lüneburger Salzsau" kann man bis heute einen Schulterknochen des Tieres im Rathaus betrachten. Weiterhin fand ihr zu Ehren im Jahre 2000 eine

Parade statt, in der nationale und internationale Künstler 157 Objekte anfertigten, welche ausgestellt wurden. Auch die jährlichen „Sülfmeistertage" erinnern daran, warum Lüneburg zu Recht den Beinamen „Stadt auf dem Salz" trägt. Lohnenswert ist ein Besuch im Salzmuseum Lüneburg. Es arbeitet nach dem Motto: „Salz kennt nicht jeder". Es ist das letzte bestehende Siedehaus aus der Zeit des Salzabbaus in Lüneburg. Hier erfahren Sie alles über die Gewinnung sowie die Wichtigkeit des Salzes. Weiterhin haben Sie die Möglichkeit, Ihr eigenes Salz zu sieden. Das Museum wurde mit mehreren Preisen ausgezeichnet, zum Beispiel 1991 mit dem Museumspreis des Europaparlamentes: „Für seinen Beitrag zum Verständnis der kulturellen Vielfalt Europas". Es wurde ebenfalls 2009 in das „Niedersächsische Museumsregister" eingetragen, ein wichtiges, prägendes Zertifikat, welches sehenswerte Museen auszeichnet. Es ist täglich von 10.00 bis 17.00 Uhr geöffnet.

# ROTE ROSEN

Deutschlandweit bekannt ist Lüneburg durch die bereits seit zehn Jahren ausgestrahlte Fernsehserie „Rote Rosen" – eine Telenovela rund um eine Frau, die ihr Leben von Grund auf verändert. Abgedreht wird diese mehrmals die Woche in der Lüneburger Innenstadt sowie in einem Studio in der „Lilienthalstraße". Beide Drehorte können in Augenschein genommen werden. Beim Außendreh kann man sogar live dabei sein, das Gelände ist auf nur wenige Meter begrenzt, sodass Sie das Geschehen hautnah miterleben können.

Mit ein wenig Glück werden Sie sogar Teil einer Folge, als Passant, der über den Stintmarkt spaziert oder gemütlich Kaffee und Kuchen genießt – die Aufgabe als Komparse wird Ihnen am Drehtag zugeteilt. Sie wollen ein „Rote Rosen" Profi werden? Dann dürfen Sie sich die begehrteste Stadtführung Lüneburgs nicht entgehen lassen. Eigens hierfür entwickelt bietet Ihnen diese einen echten Mehrwert – ein Erlebnis, das Sie so nirgendwo sonst bekommen können. Die Stadtführer begleiten Sie an sämtliche Drehorte und liefern Ihnen geballtes Insiderwissen. Wenn Sie den Klatsch und Tratsch bezüglich der Schauspieler aus erster Hand erfahren möchten, sollten Sie unbedingt teilnehmen. Als kleiner Vorgeschmack: Die „Sülfmeistergasse", durch welche die Schauspieler häufig schlendern, werden Sie in der Lüneburger Innenstadt vergeblich suchen. Im Innenstudio jedoch werden Sie fündig. Warum? Das werden Ihnen die Stadtführer sehr gerne erklären.

## SHOPPING IN LÜNEBURG

Die Innenstadt ist auch unabhängig von dem geschichtlichen Hintergrund einen Besuch wert. Denn Shoppen in Lüneburg lohnt sich ganz besonders. Hier finden Sie neben einigen in Deutschland gängigen Häusern wie C&A, Karstadt und Esprit diverse kleine Boutiquen, die das Stöbern zu etwas ganz Besonderem machen. In den zahlreichen Geschäften finden Sie sowohl die Dinge, die Sie im Alltag brauchen, aber auch alles, was einzig Ihrem Herzen guttut. Von Edeka und Lidl bis zu Kaufland und Aldi haben Sie zahlreiche Möglichkeiten, Nahrungsmittel zu erwerben. Die Innenstadt lädt zum ausgiebigen Shoppen ein. Seien es „Die Bonbonmanufaktur" mit Bonbons der besonderen Art, Modegeschäfte wie der „Bekleidungsraum", „Herrenmode Günsche" und „Elli und Mai für Kinder und Mütter" oder zum Beispiel „Riccardo Paul", eines der Geschäfte mit einzigartigen Artikeln, die durch Liebe zum Detail vollendet werden, wie wunderschöner Dekoration, besonderen Ausstechförmchen und Strümpfen, die man haben muss – hier bleibt kein Wunsch offen. Die Einkaufsmöglichkeiten führen durch Haupt- und etliche ineinander verschlungene Nebenstraßen. Da die Innenstadt einen verkehrsberuhigten Bereich darstellt, fühlen Sie sich hier beim Schlendern doppelt wohl.

Auch wenn Sie eine Shoppingpause brauchen, sind Sie in der Innenstadt hervorragend aufgehoben, denn die Gastronomie in Lüneburg ist nahezu unübertroffen. An jeder Ecke befinden sich Restaurants, Cafés, Bars und Bäcker. Dabei ist es egal, ob Sie gerne das norddeutsche Fischbrötchen, die italienische Pizza oder das persische Menü essen, ob Sie Vegetarier, Veganer, laktoseintolerant sind oder Sie sich glutenfrei ernähren müssen, Sie werden satt und zufrieden sein.

# Das müssen Sie gesehen haben

**D**ie Sehenswürdigkeiten in Lüneburg sind nahezu unerschöpflich. Sowohl historische Gebäude und Museen als auch natürliche Phänomene wie der Kalk- und der Kreideberg laden zur Besichtigung ein. Hier sind einige erwähnt, die sich besonders lohnen, aber lassen Sie sich überraschen. Lüneburg ist eine Stadt mit den vielfältigsten Möglichkeiten, die Sie sich vorstellen können.

# DER WASSERTURM

Sie kommen nicht umhin, den Wasserturm zu besteigen, um die wohl schönste Aussicht über Lüneburg zu genießen. Der „lange Lulatsch" hat eine Aussichtsplattform in rund 56 Metern Höhe. Hier haben Sie nicht nur den sagenhaften Rundumblick auf das unter Ihnen liegende Lüneburg, bei gutem Wetter sehen Sie bis nach Hamburg, welches in fast 50 Kilometern Entfernung liegt.

Aber der Wasserturm hat nicht nur den Vorteil der atemberaubenden Aussicht, gerade im Inneren bietet er Möglichkeiten, sich interessantes neues Wissen anzueignen. Insgesamt hat das denkmalgeschützte Bauwerk sieben Ebenen (Aussichtsplattform eingeschlossen), welche zu Fuß oder bis zur sechsten Ebene mit dem Fahrstuhl zu erreichen sind.

Auf jeder Ebene erfahren Sie zahlreiche Details zum Thema Wasser als elementare und schützenswerte Ressource. Besonders hervorzuheben ist hier der riesige Behälter, durch den Sie unmittelbar hindurchgehen. Sie befinden sich in einer völlig neuen, schimmernden Welt mit einer Akustik, die man nur selten zu hören bekommt. Metallisch hallt jeder Laut von den Wänden wider. Spannend werden hier kleine Klangexperimente. Stellen Sie doch zum Beispiel mal ein Uhrwerk mit mehreren Personen nach. Ohne sich abzusprechen, erzeugt einer ein tickendes Geräusch und nach und nach stimmen alle im Behälter anwesenden Personen mit ein, sodass ein wahres Klangkonzert entsteht. Auch mit Kindern lässt sich so eine Kulisse erzeugen. Hier eignet sich das Beispiel des Bauernhofes mit all seinen Tieren und Treckern.

Der Wasserturm ist täglich von 10.00 bis 18.00 Uhr geöffnet. Informieren Sie sich jedoch vorher, ob Hochzeiten oder weitere Veranstaltungen in Ihren Aufenthaltszeitraum fallen, denn dann stehen einige Ebenen nicht zur Verfügung.

## DIE KIRCHEN

Lüneburg bietet drei sehenswerte Kirchen aus der Zeit des Mittelalters: Die Nicolaikirche, die St. Michaelis Kirche und die St. Johannis Kirche. Allesamt sind beeindruckende Bauten aus dem 14. und 15. Jahrhundert. Sie können zu unterschiedlichen Zeiten außerhalb des Gottesdienstes in Augenschein genommen werden. In der Regel sind sie von 10.00 bis

16.00 Uhr zur Besichtigung geöffnet. Die größte und höchste Kirche mit fünf Schiffen und über 108 Metern Höhe ist die St. Johannis Kirche. Gleichzeitig ist sie – 1384 erbaut – eine der ältesten Kirchen in Niedersachsen. Hinter diesem beeindruckenden Bauwerk verbirgt sich jedoch gleichzeitig eine spannende Sage um den Bauherren.

Es heißt, dass er sich einen Kindheitstraum erfüllen konnte, als im Jahre 1402 der Turm der Sankt Johanniskirche vom Blitz getroffen wurde und niederbrannte. Ihm wurde die Ehre zuteil, einen neuen Turm zu planen und zu errichten. Bereits nach zwei Jahren konnte er den Bau fertigstellen und die Gerüste rund um den Turm abtragen. Der Kirchturm sollte spektakulär werden und beweisen, was für ein grandioser Bauherr diesen errichtet hatte.

Jedoch folgte der große Schock, als der Turm ohne Gerüste zu betrachten war. Er war schief, 2,20 Meter aus dem Lot, um genau zu sein. Der Bauherr empfand sein Werk als beschämend, rannte die Treppen nach oben und sprang aus dem Fenster in die Tiefe. Da in diesem Moment jedoch ein Heuwagen vorbeifuhr, landete er weich und entkam dem sicheren Tode. Dieses muss gottgewollt sein, dachte er bei sich und ging in eine Kneipe, um sein Überleben zu feiern. Hierbei habe er sich jedoch betrunken, sei vom Stuhl gefallen und habe sich das Genick gebrochen.

Wie viel Wahrheit in der Sage steckt, ist nicht ermittelbar, jedoch kommt man nicht umhin, den Turm als ausgesprochen windschief zu erkennen – und zwar völlig egal, von welcher Seite aus man ihn betrachtet und das ist unumstritten eine große Leistung.

## DER „STINT"

Der Stintmarkt befindet sich im Wasserviertel Lüneburgs. Seinen Namen hat er dem früheren Handel mit dem gleichnamigen Fisch zu verdanken. Dieser sammelte sich in Schwärmen und schwamm durch die Ströme Lüneburgs zur Ilmenau. Am Stintmarkt wurde er gefangen und direkt weiterverarbeitet und verkauft. Nachdem es lange Zeit durch Wasserverschmutzung keinen Stint mehr gab, ist dieser nun nach Lüneburg zurückgekehrt. In der Saison von Februar bis April ist nun auch in Lüneburg wieder Stintzeit. Der Stintmarkt ist der wohl gemütlichste

Ort in Lüneburg. Hier wird alles, was Gemütlichkeit ausmacht, miteinander verflochten. Vor der mittelalterlichen Häuserfassade befinden sich zahlreiche urige Cafés und Kneipen, in denen man einkehren und einen wunderschönen Blick auf das Wasser genießen kann. Hier kommen auch Musikliebhaber auf ihre Kosten, da einige Kneipen Livemusik anbieten. Weiterhin befinden sich zwei bekannte Sehenswürdigkeiten am Stintmarkt. Zum einen ist der „Alte Kran", der zum Lastenverladen genutzt wurde, bis heute erhalten, zum anderen steht dort die „Brausebrücke".

Ihren Namen verdankt sie den Schleusen. Sind diese geöffnet, braust das Wasser so laut hindurch, dass der ursprüngliche Spitzname „Brausebrücke" sich etablierte. Nehmen Sie sich in Ihrem Urlaub mindestens einen Abend Zeit, um über den Stintmarkt zu flanieren. Sie werden den Eindruck haben, sich in südländischen Gefilden aufzuhalten – und das mitten in Norddeutschland.

# DAS „SCHWANGERE HAUS"

Wie kann ein Haus schwanger sein? Das ist die Frage, die in der „Waagestraße" beantwortet wird. Die nach außen gewölbte Wand erweckt tatsächlich die Illusion eines schwangeren Hauses. Der Grund hierfür liegt in der Bausubstanz. Die Mischung aus Gips und Anhydrit, die aus dem Kalkberg gewonnen wurde, dehnte sich bei Kontakt mit Regenwasser aus. Das Eigengewicht des Hauses verhinderte jedoch eine Ausbreitung nach oben, sodass sich die Wand mit der Zeit nach außen wölbte. Der Clou an der Sache: Die Innenwände sind trocken geblieben, sodass diese sich nicht ausdehnten und gerade blieben wie in jedem anderen Haus auch.

# DER KURPARK

Empfangen werden Sie am Eingang des Kurparks von einem sprudelnden Springbrunnen. Bei warmem Wetter lädt dieser dazu ein, die Schuhe auszuziehen, die Hosen ein wenig hochzukrempeln und sich die Füße im flachen Wasser abzukühlen. Der Kurpark bietet Klein und Groß Freiraum und Entdeckungsmöglichkeiten. Spielplätze mit Piratenschiff

und Kutsche laden Familien ein, den Tag zu genießen, beim Ententeich entdecken Sie die Muttertiere
mit ihren Küken beim Schwimmen, Kuscheln und
Lebenserfahrung sammeln. Nur ein Tor weiter befinden Sie sich in dem Kräuter- und Rosengarten, der
Ihre Nase sowie Ihre Augen nur so anspringt. Wenn
im Sommer die frischen Rosenblüten blühen und die
Kräuter wachsen, können Sie vielfältige, intensive
Düfte und leuchtende Farben wahrnehmen, ein wah-
rer Moment absoluter Entspannung.

Die freien Grünflächen sind groß und dürfen be-
treten werden, hier nehmen Sie sich die Zeit, den
Sonnenschein bei einem Eis aus dem im Kurpark ge-
legenen Kiosk zu genießen. Aber auch die Schatten-
plätze sind durch die zahlreichen Bäume nicht zu
knapp. Ein besonderes Highlight im Kurpark ist das
Gradierwerk. Hier wird an einer Mauer aus dichten
Holzzweigen das Salzwasser aus der Erde hinaufge-
pumpt und tropft dann hinunter. Durch die Zweige
werden die Salzkörner zerteilt, sodass sie immer fei-
ner werden. Dieser Vorgang wird so lange wieder-
holt, bis feinstes Salz übrigbleibt. Der Vorteil des
Gradierwerkes liegt in dem Flair, welches sich hie-
raus ergibt. Die Luft wird mit den feinen Salzteilchen

angereichert und wenn Sie sich auf eine der umliegenden Bänke setzen, die Augen schließen und tief einatmen, denken Sie, Sie atmen die salzige Luft des Meeres – und bieten Ihrer Lunge nebenbei eine wahre Kur.

## DER KREIDEBERGSEE

Der durch den Gipsabbau entstandene Kreidebergsee ist ein Naherholungsgebiet, welches zu erleben sich lohnt. Paradiesisch erscheint der Rundumblick, von intensiv grünen Rasenflächen über das glitzernde Wasser, in welchem sich stolze Schwäne aufhalten, bis hin zu den weißen Steilwänden, mögen die Augen sich kaum sattsehen.

Die Kreidefelsen erwiesen sich als eine wahre geologische Schatzkiste. Es fanden sich Fossilien von zum Beispiel Moostierchen, Armfüßlern, Seeigeln usw. darin. Da die Gesteinsschichten bis zu 27 Millionen Jahre alt sind, ließen sich in evolutionärer Hinsicht etliche Fakten herausarbeiten. Nachvollziehen ließen sich diese in ihrem gesamten Umfang erst durch den späteren Kalkabbruch. Dieser stellte ähnlich wie der Salzverkauf einen starken wirtschaftsfördernden Faktor dar, sei es im Bereich der Landwirtschaft als Düngezusatz oder im Häuserbau. Allein der Abbau des Kalkes diente hunderten Lüneburgern als Arbeitsplatz.

Heute ist der Kreideberg mit seinem angrenzenden See ein Naherholungsort geworden. Dieses ist eine Auszeichnung für einen Ort, der in Stadtnähe als besonderer Ruhepol gilt. Der ausgesprochen salzige See beherbergt diverse kleine bis mittelgroße Fische, aber Ihre Anglerseele müssen wir hier enttäuschen. Das Angeln ist verboten, die Fische in dem klaren Wasser sind lediglich zum Bestaunen da. Auch das Schwimmen ist aufgrund fehlender Sicherheit untersagt. Abbrüche der Kalkwände können einen Aufenthalt im Wasser selbst für erfahrene Schwimmer gefährlich machen. Als Vogelliebhaber kommen Sie ebenfalls voll auf Ihre Kosten. Wasservögel lieben den See, auch zum Überwintern. Also denken Sie unbedingt an Ihre Kamera, um die zahlreichen Vogelarten vor der gewaltigen Kalksteinkulisse festzuhalten. Der Kreidebergsee gilt als einer der artenvielfältigsten Gebiete der Gegend, das sollten Sie nicht verpassen.

# DER KALKBERG

Nun erfahren Sie mehr über ein Naturschutzgebiet Lüneburgs, übrigens eines der ersten in Deutschland. Der Kalkberg bietet Ihnen eine ähnlich schöne Sicht über die Stadt wie der bereits beschriebene Wasserturm. Hier befinden Sie sich ebenfalls in rund 56 Metern Höhe. Die Geschichte des Kalkberges begann bereits vor 250 Millionen Jahren.

Er entstand aus einem Zusammenspiel von Meeresablagerungen und knetähnlichem Salzgestein, welches den Berg immer weiter nach oben drückte – ein im Flachland höchst seltenes Phänomen. Die ursprüngliche Höhe des Berges betrug 80 Meter, weshalb aufgrund der hervorragenden Übersicht über das Land eine Herrscherburg auf ihm errichtet wurde, welche nachfolgende Kriegszeiten jedoch größtenteils nicht überstand. Zur Gipsgewinnung wurde der Kalkberg bis auf seine heutigen 56 Meter Höhe abgetragen. Damit stellte auch er für Lüneburg einen hohen wirtschaftlichen Faktor dar.

Der Stopp des Abbaus und die Tatsache, dass der Berg unter Naturschutz steht, ermöglicht Ihnen das Erleben einer Artenvielfalt, die ihresgleichen sucht. Sowohl etliche Pflanzen als auch diverse

Tiere, die in Deutschland auf der roten Liste stehen, können Sie hier bestaunen. Dieses liegt an den vier unterschiedlichen Biotopen, die es auf dem Berg gibt: den „Wald", die „Feuchtwiese", die „Magere Fettwiese" und den „Trockenrasen". Beobachten Sie mit etwas Glück Glühwürmchen und Fledermäuse in der Abenddämmerung oder suchen Sie nach Molchen in den Felsspalten.

Die Mischung, die aus dem Kalkberg als Bausubstanz gewonnen wurde, ist durch ihre Wasserempfindlichkeit nicht nur für das oben beschriebene „Schwangere Haus" verantwortlich, sie schenkte auch verschiedenen Straßen ihre anschaulichen Rundungen. Wenn Sie also in Lüneburg Straßen sehen, die kräftig aus der Form geraten sind, wissen Sie: In dieser Straße steckt ein Stück Kalkberg.

Sie können den Berg ohne große Anstrengungen allein besteigen, es führen Wege bis nach oben. In der Kalkbergführung, die Sie selbstverständlich ebenfalls buchen können, erfahren Sie neben den geologischen und geschichtlichen Hintergründen auch die Sagen, die den Kalkberg umwerben, z.B. dass Lüneburg Cäsar seinen Namen verdanken soll, welcher die damalige Burg auf dem Kalkberg bei Mondschein sah und begeistert „Luna Burg" ausgerufen haben soll.

## MUSEUM LÜNEBURG

Die Beschreibung von Lüneburgs Historie hat Sie neugierig gemacht? Dann sind Sie im Museum Lüneburg genau richtig. Auf rund 1.700 m² erleben Sie die Geschichte noch einmal, belegt mit diversen Fundstücken und wertvollen, hervorragend erhaltenen Stücken längst vergangener Zeiten bis heute. Dieses Museum lädt zum Anfassen ein. Zum Beispiel dürfen Sie mit Mikroskopen Salze und Gesteine in Augenschein nehmen oder an einer großen Leinwand zwischen Bildern von Lüneburg des zweiten Weltkrieges im Vergleich zu Bildern der heutigen Zeit aus demselben Blickwinkel hin- und herschalten.

Sie bestaunen eine Fliegerbombe genauso wie ein riesiges Hornissennest – Natur, Kultur und Geschichte in unterschiedlichen Ausstellungen perfekt miteinander kombiniert. Auch mit Kindern ist das Museum eine Attraktion. Am Empfang erhalten Sie Quizkarten, die Sie durch die Räume leiten. Am Ende gibt es für jede ausgefüllte Karte einen Preis.

Weiterhin werden sonntags Aktionen für Kinder angeboten, wie Masken herstellen aus Gips, Tiere formen aus Ton usw., natürlich alles in Bezug auf Lüneburgs Geschichte. Hierfür reservieren Sie Tickets per Email unter buchungen@museumlueneburg.de oder 04131 72065-80. Schließen Sie Ihren Besuch ab mit einem köstlichen Kaffee und einem Stück Kuchen, am besten auf der Dachterrasse, auf der Sie einen schönen Ausblick über Lüneburg haben.

# Veranstaltungen in Lüneburg

N atürlich bietet Lüneburg auch zahlreiche, jährlich wiederkehrende Veranstaltungen an. Planen Sie doch Ihren Aufenthalt auch unter Berücksichtigung des Lüneburger Jahreskalenders. Viele der Veranstaltungen sind nahezu einmalig in Deutschland.

# LUNATIC FESTIVAL

Lüneburg hat sich heutzutage zu einer Universitätsstadt entwickelt. Die „Leuphana Universität" bietet einmal jährlich im Sommer das bekannte Lunatic Open-Air-Festival an. Dieses beinhaltet sowohl kleinere Partys im Vorwege, ein zweitägiges Showprogramm mit Künstlern diverser Stilrichtungen sowie die Aftershowparty. Dabei vereint es Musik, Kunst und Kultur miteinander. Das bedeutet, Ihnen werden nicht nur Konzerte geboten, sondern auch Poetry Slam (Begriff für einen Lyrikwettbewerb), verschiedene Initiativen der Universität oder große Kunstwerke, wie zum Beispiel Wandmalerei.

Das Festival lockt jährlich bis zu 2.300 Menschen auf den Campus und weckt mit Glitzertattoos oder Flechtsträhnen das Kind in den meist jungen Erwachsenen. Bei Aktionen wie Armbandflechten oder Taschen herstellen ist die eigene Kreativität gefragt. Das Festival wird liebevoll und gut durchdacht von Studierenden geplant und umgesetzt mit dem Hintergrund, Projekterfahrungen im Bereich des kulturellen und sozialen Engagements zu sammeln.

# KRIMIFESTIVAL UND KRIMI DINNER

Im Herbst lockt Lüneburg mit dem mörderischen Krimifestival. Zahlreiche bekannte Autoren lesen an unterschiedlichen Tagen an mehreren ausgewählten Standorten aus ihren neusten Werken. Sie erleben die klugen Köpfe, die hinter den faszinierendsten Szenarien stehen, hautnah.

Am Rande bemerkt, handelt es sich um höchst namhafte Autoren, wie zum Beispiel Sebastian Fitzek, Michael Tsokos oder Simon Beckett. Spannenderweise werden Ihnen bei den Lesungen nicht nur Auszüge aus den Büchern vorgestellt, Sie hören ebenfalls persönliche Anekdoten und erfahren diverse Informationen zu den Hintergründen der Geschichten oder dem Autorenalltag.

In der Regel haben Sie in der Pause und nach den Lesungen Zeit, Autogramme oder Fotos von den Autoren zu ergattern und das ein oder andere Wort zu wechseln. Sind Sie also ein eingefleischter Krimi- und Thrillerfan, sollten Sie die Chance nutzen, Lüneburg im Herbst zu besuchen und die eine oder andere Lesung zu erleben. Organisiert wird das Festival von der Buchhandlung „Lünebuch", Tickets lassen sich unter der Telefonnummer 04131-754 74 0 und im Internet unter „www.luenebuch.de" erwerben. Über diese sollten Sie sich jedoch frühzeitig informieren, da viele Lesungen aufgrund der hohen Nachfrage rasant schnell ausverkauft sind.

Wenn Sie Krimifan sind, jedoch Lüneburg zu einer anderen Jahreszeit genießen möchten, eignen sich die Krimi-Dinner, welche mehrmals im Jahr stattfinden. Zum Beispiel im Kunstsaal in Lüneburg können Sie ein fantastisches Menü, bestehend aus drei bis vier Gängen, genießen und ermitteln gleichzeitig in einem Mordfall. Die Ermittler führen Sie mit schauspielerischen Höchstleistungen unmittelbar in den Fall hinein, dabei sind die Improvisationen eine Leistung der Extraklasse, denn Sie sind ein unmittelbarer Teil des Geschehens. Ihnen wird die Möglichkeit geboten, zu rätseln und sich einzubringen, um gemeinsam mit den anderen Gästen den Tätern auf die Spur zu kommen und den Abend satt und zufrieden ausklingen zu lassen. Tickets können Sie unter 01805 55 00 55 buchen.

# SÜLFMEISTERTAGE

Zu den jährlich im Herbst stattfindenden Sülfmeistertagen kommen zu Recht tausende Besucher. Ein riesiger Aufwand wird betrieben, um den/die Lüneburger Sülfmeister/in, welche/r ein Jahr lang den Stellvertreter für Lüneburg darstellt, in diversen Wettkämpfen zu ermitteln. Hierbei stellt der/die Anwärter/in ein Team um sich herum zusammen und kämpft in unterschiedlichen Gebieten um den Titel.

Diese Art Spiele gab es bereits im Mittelalter, schon hier wurden die damaligen Sülfmeister ausgewählt. Es gibt Wettkämpfe, die das Fachwissen über Lüneburg mit seinen historischen Hintergründen, Sagen und Legenden abfragen, aber auch die Entscheidungsfreude sowie Geschick und Teamgeist werden getestet.

Sie können erwachsenen Menschen dabei zusehen, wie sie eine Schlange aus Rohren über den gesamten Platz „Am Sande" bauen, um möglichst viele Bälle zu transportieren. Sie beobachten die Wettkämpfer beim Stapeln von Kisten, die zusammengebaut ein Bild des Sülfmeisters ergeben. Hierbei klettern diese in schwindelerregender Höhe den eigenen Kistenstapel hinauf und werden dabei von ihren

Mitstreitern gesichert. Natürlich gibt es noch diverse Spiele mehr, doch machen Sie sich selbst ein Bild von den Wettkämpfen.

Eines sei noch verraten: Das Finale der Kämpfe bildet immer das Lüneburger Fassrollen. Dieses Spiel wurde ebenfalls bereits im Mittelalter gespielt, allerdings damals mit wilden Pferden, welche heute durch die Mitstreiter des/r Anwärters/in ausgetauscht wurden. Ein knapp 200 kg schweres Fass muss über den Platz „Am Sande" gerollt werden. Wenn dieses am Ziel angekommen ist, wird es gegen eine Wand aus Strohballen gestoßen und dann geht es den ganzen Weg noch einmal zurück. Tückisch ist allerdings das Kopfsteinpflaster, denn das Fass läuft immer wieder aus dem Lot und muss auf den Weg zurückgebracht werden.

Natürlich bestehen die Sülfmeistertage neben den spannenden und aufregenden Spielen aus mehreren weiteren Highlights, die Sie genießen dürfen. Da es sich um ein Mittelalterfest handelt, darf der Mittelaltermarkt natürlich nicht fehlen. Hier können Sie selbst ebenfalls an Spielen teilnehmen, wie z.B. Bogenschießen oder Steinstoßen. Sie können Zauberei erleben oder sich mittelalterliche Kostüme anziehen und so fotografieren lassen. Natürlich gibt es auch eine kulinarische Vielfalt. Neben dem Grillen von Stockbrot können Sie diverse rustikale Leckereien genießen.

Nachdem der/die Sülfmeister/in ausgewählt wurde, findet der Festumzug statt. Dieser verläuft von den Sülzwiesen bis zum Marktplatz und wieder zurück. Sie entdecken Teilnehmer mit üppig geschmückten Festwagen und geraten scheinbar direkt in die Zeit des Mittelalters hinein.

Nebenbei bemerkt sind die Sülfmeistertage auch spannend für Kinder. Diese können bei den Wettkämpfen die Anwärter/innen mit ihren Teams anfeuern, aber auch kräftig bei den Spielen ihrer Eltern mitfiebern. Zusätzlich gibt es zweimal am Tag Geschichten, denen sie lauschen können und einmal täglich eine große Schatzsuche mit tollen Preisen. Lassen Sie sich in eine mittelalterliche Welt entführen und mitreißen von der ansteckenden Freude, die dieses Fest mit sich bringt.

# WEIHNACHTSMARKT

Wenn die erste Kerze auf dem Wasserturm zu leuchten beginnt, verwandelt sich Lüneburg in die „Weihnachtsstadt". Mit Lichtern, die die Innenstadt erhellen, sämtliche Bäume und historische Gebäude wundervoll beleuchten und Düften, die Ihre Sinne betören, können Sie sich ganz in die Vorweihnachtszeit fallen lassen. Dazu erklingen wohltuende weihnachtliche Melodien vom Rathaus her, vor welchem einer der Weihnachtsmärkte mit Karussells, Knabbereien und Glühwein aufgebaut ist. Die Klänge entstehen durch Livedarbietungen sowohl vor dem Rathaus als auch einer Fensterfront des Karstadtgebäudes, welches ebenfalls am Marktplatz zu finden ist. Mehrmals täglich gibt es kleine Chorkonzerte, welche mit klassischen Liedern und Gospel aufwarten, auch ein Trompetenspieler bietet seine Künste zur Weihnachtszeit dar.

Aber auch den Christmarkt am ersten Dezemberwochenende an der St. Michaeliskirche sollten Sie nicht verpassen. Er spiegelt die Zeit des 16. Jahrhunderts wider. Hier geben Sie sich ganz der Ruhe am Lagerfeuer hin. Die Prioritäten liegen hier auf Gemütlichkeit bei zarten Gewürzdüften und wohltuendem Geknister des Feuers. Fackeln und Kerzen spenden zusätzlich warmes Licht. Bei einem Flair längst vergangener Zeit erwerben Sie wärmende Woll- und Lederprodukte oder Mistelzweige, die Sie auch zu Hause noch an diese beschaulichen Tage erinnern werden.

Viele weitere Attraktionen machen Lüneburg in den Dezemberwochen zur Weihnachtsstadt. Diverse Konzerte in den Kirchen oder das gemeinsame Singen vor der St. Johannis Kirche, die Märchenmeile mit ihren Häuschen, die auf Knopfdruck bekannte Märchen auf Hoch- oder Plattdeutsch erzählen und dazugehörige Figuren, die sich in ihrem Inneren bewegen, machen Lüneburg einzigartig darin, Weihnachtsgefühle aufkommen zu lassen. Auch Kinderaugen leuchten mit den vielen Lichtern um die Wette. Neben den erwähnten Märchen, die gerade Kinder immer wieder verzaubern, der Zuckerwatte und den Karussells finden für Kinder an den Sonntagen Bastelnachmittage statt. Auch das Weihnachtskino ist eine große Attraktion. Es werden bekannte Klassiker gezeigt, jedoch auch in Lüneburg selbst gedrehte Weihnachtsszenarien. Dieses finden Sie im Rathausgarten. Den Höhepunkt bildet für die Kinder

der vierte Adventssonntag. Ab 16.00 Uhr darf ein etwa 1,70 Meter hohes Lebkuchenhaus nach Belieben angeknabbert werden. Da fühlen sich die Kinder als steckten sie mitten im Märchen „Hänsel und Gretel", nur ohne die böse Hexe.

Lassen Sie sich in der Vorweihnachtszeit entführen, heraus aus den häufig stressigen Vorbereitungen und hinein in eine beruhigte Zeit, die Groß und Klein die Auszeit verschafft, die Sie sich verdient haben.

# Lüneburg mit Kindern

Für den Fall, dass Sie als Familie mit Kindern anreisen möchten, sind hier einige der wichtigsten Ausflugsziele zusammengestellt. Diverse oben genannter Orte sind gerade auch für Familien geeignet, da sie sich in der Natur befinden. Im Wasserturm werden die Informationen so unkompliziert vermittelt, dass auch Kinder sie verstehen können. Und diese genießen die Aussicht oben ebenfalls ganz besonders. Der Kurpark mit seinen Spielplätzen, der Springbrunnen und riesige Grünflächen laden zum Austoben ein. In und um Lüneburg gibt es diverse weitere Spielplätze, abgestimmt sowohl auf ganz junge, aber auch ältere Kinder.

Der Kalkberg bietet diverse Erkundungsmöglichkeiten, gerade die Kleinsten suchen sehr gerne nach Lebewesen in den schmalen Felsspalten oder posieren oben angekommen an der stillgelegten Kanone für lustige Schnappschüsse. Am Fuße des Kalkberges befindet sich der Zickengarten, in dem sich verschiedene Wildtiere aufhalten und der zum Anfassen und Pflegen konzipiert wurde.

Auch der Archepark in Ochtmissen, welches ein Stadtteil Lüneburgs ist, ist einen Besuch wert. Hier befinden sich Haustiere, die als gefährdet gelten, mit lustigen Namen, wie zum Beispiel das „Deutsche Lachshuhn". Bei einem Spaziergang durch den Park können Sie sich diese anschauen und sie ebenfalls anfassen. Denn am besten lernt Ihr Kind doch mit all seinen Sinnen. Auch die Kinder- und Jugendbücherei bei der Ratsbücherei ist eine schöne Möglichkeit für einen gemütlichen gemeinsamen Nachmittag. Hier dürfen Sie sich in diversen Leseecken zurückziehen und gemeinsam träumen, egal, ob es sich um Bilder- , Märchenbücher oder Comics handelt. Hier lassen sich prima mögliche Regentage überbrücken. Wenn Sie selbst die Stadt gerne näher kennenlernen möchten, sich aber darüber bewusst sind, dass eine normale Stadtführung gegebenenfalls noch nicht geeignet ist, buchen Sie doch eine Stadtführung für Kinder. Diese sind besonders auf kindliche Bedürfnisse angepasst, in einfacher Sprache gehalten und vermitteln dennoch interessantes und nützliches Stadtwissen, von dem auch Sie profitieren werden. In Lüneburg befindet sich ein Theater für alle Altersklassen. Die „Junge Bühne T3" gibt regelmäßig Vorführungen für Kinder ab einem Alter von vier Jahren.

Es handelt sich hierbei um Puppentheater, über Ballett bis zum Familientheater. Hier werden Sie in Ihrem Aufenthaltszeitraum mit Sicherheit ein Stück finden, das für Sie interessant ist. Auch das Programmkino Scala in der Innenstadt bietet jeden Nachmittag Familienkino an. Bei einem unschlagbaren Eintrittspreis von fünf Euro können Sie täglich zwischen zwei Filmen wählen.

Auch dieses ist eine attraktive Alternative für mögliche Regentage. Es geht weiter mit einer Indoor-Attraktion: Das im Lüneburger Landkreis Adendorf befindliche Tobeland „Alcino" bietet eine weitere Möglichkeit zum Auspowern. Spielen Sie gemeinsam in einer deckenhohen „Burg" auf drei Etagen mit Tunnel- und Wellenrutschen, fliehen Sie vor den Softbällen, welche von anderen Spielenden von oben auf Sie herabsausen werden oder lassen Sie Ihr Kind über dicke, weiche Rollen in ein knietiefes Bällebad sinken.

Außerhalb der Burg gibt es die Möglichkeit, auf acht großen Trampolinen zu springen, einen ebenfalls deckenhohen Berg zu erklimmen und von oben wieder hinunter zu sausen oder in einem luftgefüllten Krokodil zu verschwinden, dessen Maul sich schließt und Sie verschlingt. Sind Ihre Kinder schon älter, nehmen Sie sich die Zeit, sich in das erhöhte Café zu setzen mit einem guten Überblick über das Geschehen und schauen Sie von dort aus Ihrem Nachwuchs beim Spielen zu.

Für die jüngeren Kinder bis vier Jahre gibt es einen abgetrennten Bereich mit einem flachen Bällebad, einer kleinen Rutsche und großen Schaumstoffbauklötzen. Auch hier gilt: Kinder jeden Alters sollen auf ihre Kosten kommen. Im selben Ort befindet sich ein Freibad mit einem beeindruckenden Kinderbereich. Sie können wählen zwischen einem Becken, welches sich in zwei durch eine Wasserrutsche miteinander verbundenen Ebenen aufteilt. Im Wasser befinden sich mehrere Spieltiere, auf denen Ihre Kinder sitzen und mit Wasser spritzen können.

Dieser Bereich ist mit einem segelartigen Tuch überdacht und bietet Ihren Liebsten somit unmittelbaren Schutz vor der direkten Sonne. Direkt angrenzend befindet sich ein großes, etwa knöcheltiefes Becken für die Allerkleinsten. Hier können Sie Ihr Kleinstkind mit einem guten Gefühl planschen lassen. Besonders zeichnet sich dieser Bereich durch den großen angrenzenden Sandbereich aus, der einen Strandeindruck vermittelt. Hier können Sie Burgen bauen, auf einen kleinen Aussichtsturm steigen oder mit einer Pumpe Wasser in den Sand leiten, um mit dem entstehenden Matsch zu spielen.

Für ältere Kinder und Jugendliche steht selbstverständlich ein großes Becken mit Nichtwimmer- sowie Schwimmerbereich zur Verfügung. Eine zehn Meter hohe Rutsche, die für Sie die Zeit misst, lädt zum Schnellrutschwettbewerb ein und auf den ein-, drei- oder fünf Meter hohen Sprungbrettern wachsen Sie über sich hinaus. In der Aufwärmzeit zwischen dem Baden oder der Wartezeit nach dem

Snack zwischendurch stehen sportliche Möglichkeiten wie Fußball, Beachvolleyball oder Tischtennis
zur Verfügung. Hier vergeht der Tag wie im Flug.

Wenn Sie im Sommer anreisen, lohnt es sich, das
Datum so zu legen, dass Sie das Lüneburger Kinderfest miterleben können. Dieses findet jährlich an einem Sommerwochenende statt und bietet Kindern
Spiel und Freude satt. Sowohl bei Wasserspielen als
auch beim Dosenwerfen, dem angrenzenden Kinder-
flohmarkt, dem riesigen Spielezelt des Spielzeugla-
dens „Fips" oder dem bunten Bühnenprogramm,
hier bleibt kein Wunsch unerfüllt. In den vergange-
nen Jahren war die „Toggo Tour" ein fester Bestand-
teil des Kinderfestes. Hier ließen sich die SuperRTL-
Helden live begrüßen und anfassen. Ob die Attraktion weiterhin zum Kinderfest dazugehört, lässt sich
jährlich über die Touristeninformation Lüneburg er-
fragen.

Auch „Schröders Garten" lässt das Kinder- und
Elternherz höherschlagen. Direkt an der Ilmenau ge-
legen gibt es jährlich in den Sommermonaten diverse Veranstaltungen, die auch und gerade auf Kinder ausgelegt sind. Zum Beispiel hat der bekannte
Kinderliedermacher „Volker Rosin" schon mehrmals

den Nachwuchs zum Tanzen und Singen gebracht. Aber auch außerhalb solcher Veranstaltungen ist Schröders Garten für Sie die richtige Anlaufstelle. Der im Garten befindliche Spielplatz ist auf das Thema „Biber" ausgerichtet. Dieses findet sich in allen Spielmöglichkeiten wieder, von der Rutsche über die Wasserbahn bis hin zum Kletterbereich. Außerdem haben Sie die Möglichkeit, sich ein Boot zu leihen und gemütlich über die Ilmenau zu schippern. Von Ihrer Bootstour zufrieden und ausgehungert zurückgekehrt, stärken Sie sich gerne bei einem kalten Bier, einem Softdrink und leckeren Snacks für zwischendurch. Was will man mehr?

Dieses war ein Vorgeschmack der Möglichkeiten, die Sie als Familie in Lüneburg haben. Am Rande bemerkt: Lüneburg ist eine Fahrradstadt, in der gesamten Innenstadt ist das Führen von anderen Fahrzeugen mit wenigen Ausnahmen verboten. Außerhalb der Innenstadt gibt es gut ausgebaute Fahrradwege und die Autofahrer sind in der Regel an den erhöhten Fahrradverkehr gewöhnt. Dieses stellt einen weiteren Vorteil für Sie und Ihr Kind dar. Sie merken, dass der Urlaub in Lüneburg mit seinen vielseitigen Möglichkeiten sehr lohnenswert ist. Und allen

Eltern ist wohl bewusst: Ein gut ausgelastetes Kind ist der Schlüssel für einen erholsamen Urlaub.

# Lüneburger Nachtleben

Sie sind eine Nachteule und möchten auch in den Abendstunden oder bei Nacht ein abwechslungsreiches Programm geboten bekommen? Dann haben Sie in Lüneburg ebenfalls zahlreiche Möglichkeiten, sich frei zu entfalten. Sei es in Diskotheken und Clubs, im Kino, Theater, auf Konzerten oder kulturellen Veranstaltungen, es gibt zahlreiche Anlaufstellen, von denen Ihnen hier einige vorgestellt werden.

## SCALA PROGRAMMKINO

Eines der Lüneburger Kinos ist das „Scala Programmkino". Es befindet sich mitten in der Lüneburger Innenstadt. Hier sehen Sie natürlich aktuelle Kinofilme, aber vor allem auch diverse Filme, die in gängigen Kinos nicht ausgestrahlt werden. Hierbei wird neben der reinen Unterhaltung unter anderem auf Vermittlung kultureller Merkmale Wert gelegt – die Filme werden als Kunstform wieder in den Mittelpunkt gerückt. Die Kinosäle sind klein bis mittelgroß gehalten, sodass ein heimeliges Gefühl der gängigen Anonymität weichen kann. Selbstverständlich gibt es leckere Knabbereien und Getränke zum Film. Hier lassen sich tolle Abende verbringen, die in Erinnerung bleiben.

## THEATER LÜNEBURG

Wann haben Sie das letzte Mal einen Abend im Theater verbracht?

Sollten Sie ein Theaterfan sein, haben Sie diesen Punkt für Ihren Aufenthalt in Lüneburg sicher schon auf dem Plan, als Theatermuffel lassen Sie sich doch einfach mal auf eine neue oder weit zurückliegende

Erfahrung ein. Das Theater in Lüneburg bietet in drei unterschiedlichen Spielstätten ein festes Ensemble aus hervorragend ausgebildeten Schauspielern/-innen, Musikern/-innen und Tänzern/-innen. Die Stücke sind ebenso vielfältig, von Sprechtheater über Ballett und Musiktheater wird Ihnen alles geboten, was Ihnen Freude macht. Dabei werden ebenfalls jegliche Genres abgedeckt. Ein regelmäßig variierendes Programm sorgt für abwechslungsreiche Unterhaltung, die Ihnen den Abend versüßt und oftmals auch zum Nachdenken anregt. Nach einem Theaterbesuch wird Ihnen der Gesprächsstoff nicht ausgehen.

## DISKOTHEKEN, BARS UND CLUBS

Natürlich gibt es auch die Möglichkeit, den Abend in Lüneburg ausklingen zu lassen und die Nacht einzuläuten. Suchen Sie sich doch nach einem entspannten Kino- oder Theaterbesuch eine geeignete Bar für ein kühles Bier oder ein wohlschmeckendes Gläschen Rotwein. Hervorzuheben sind unter anderem die beiden Irish Pubs „Tír na nÓg" und „Old Dubliner" – zwei der zu Recht beliebtesten abendlichen

Standorte Lüneburgs. Hier erwartet Sie neben köstlichen Biersorten häufig auch Livemusik oder Karaoke. Von der Terrasse des „Old Dubliner" haben Sie eine hervorragende Aussicht auf die vorbeifließende Ilmenau. Da bleibt kein Wunsch offen.

Um einen Überblick über die Bars zu bekommen, beginnen Sie am besten auf dem Stintmarkt. Hier reihen sich diese förmlich aneinander, sodass Sie die freie Wahl haben.

Wenn Sie jedoch lieber tanzen und feiern, sollten Sie sich über die „Vamos! Kulturhalle" informieren, die regelmäßige Themenabende anbietet. Hier finden gängige Partys statt, wie 40UP oder 90's, aber auch Feiern mit elektronischer Musik und Lasershows. Zusätzlich kommen auch Kulturliebhaber auf ihre Kosten. Neben den Diskothekenabenden finden im Vamos Lesungen genauso statt wie Comedy und Konzerte.

Ebenso zu nennen ist der „Salon Hansen", auch hier bekommen Sie eine Vielfalt an Tanz- sowie kulturellen Möglichkeiten geboten. Im „Salon" erfreuen Sie sich an Theateraufführungen, Lesungen und Konzerten, spezialisiert auf Bands von Künstlern, die gerade starten. Vielleicht sehen Sie heute eine

Band live bei ihren Anfängen, die schon im nächsten Jahr berühmt ist? Auch der monatlich stattfindende „Poetry Slam" ist einen Besuch wert. Lyriker kämpfen mit ihren Werken unterschiedlicher Thematiken um den ersten Platz und die Zuschauer sind die Jury. Diese Texte werden Sie ebenso zum Lachen wie zum Weinen bringen. Ein kecker Moderator führt Sie hierbei durch den Abend.

# Lüneburger Insider

Sie haben jetzt einen Überblick über verschiedene Orte bekommen, die Sie in Lüneburg besuchen sollten. In diesem Kapitel folgen Tipps zum Sparen sowie Übernachtungsmöglichkeiten und Restauranttipps, damit Sie sich nicht nur bei Ihren Ausflugszielen, sondern vor allem auch in Ihrem „Zuhause" im Urlaub vollkommen wohl und umsorgt fühlen.

# SO SCHONEN SIE IHREN GELDBEUTEL

Eines ist klar: In Lüneburg kann man Geld lassen. Zu verführerisch sind die vielen Shoppingmöglichkeiten, zu zahlreich die möglichen Erlebnisse, zu lecker das Essen. Aber selbstverständlich gibt es etliche Tricks, um dennoch Geld zu sparen. Der wichtigste Tipp zuerst: Die Augenbinde! Die Augenbinde morgens nach dem Aufstehen aufsetzen und abends vor dem Schlafengehen absetzen. Das hilft dabei, den Verführungen zu widerstehen. Spaß beiseite, hier folgen die echten Tipps:

Etliche der oben genannten Möglichkeiten, Lüneburg zu entdecken, sind kostenfrei. Sehenswürdigkeiten wie der Kalkberg, der Kreidebergsee, der Kurpark mit dem Gradierwerk, Besichtigungen der Kirchen oder des Rathauses, das Flanieren über den Stintmarkt, all das kostet Sie erst einmal kein Geld. Und trotzdem haben Sie einen entspannten, erholsamen und gleichzeitig erlebnisreichen Urlaub. Sie sehen, Urlaub mit diversen Attraktionen muss nicht zwangsläufig teuer sein.

Die Führungen sind alle lohnenswert und bieten Ihnen auf jeden Fall die detailliertesten

Informationen zum jeweiligen Thema, der Mehrwert liegt hier natürlich in den ausgebildeten Guides, die Sie charmant durch die Gassen begleiten. Selbstverständlich können Sie aber in der Touristeninformation ebenfalls weiterführende Broschüren erhalten, auch das Internet bietet diverse Informationen zur Geschichte und den Bauwerken Lüneburgs. Da hängt Ihre Entscheidung selbstverständlich von denen von Ihn gesetzten Prioritäten ab.

Wenn Sie planen, in Ihrem Urlaub mehrmals Restaurants zu besuchen und/oder an unterschiedlichen kostenpflichtigen Attraktionen teilzunehmen, lohnt sich in jedem Fall der „Schlemmerblock" für Lüneburg, welchen Sie im Internet für 19,90 Euro erwerben können. Hier finden Sie diverse Angebote, die sich für Sie auszahlen. Zum Beispiel gibt es in zahlreichen Restaurants die 2-für-1 Aktion, in der Sie bei zwei Mahlzeiten die günstigere geschenkt bekommen. Das Gleiche gilt für diverse Eintrittspreise.

Weiterhin sollten Sie auf verschiedene Aktionen achten. Das Museum Lüneburg bietet zum Beispiel an jedem ersten Samstag im Monat freien Eintritt, im Alcino Kindertobeland ist donnerstags Familientag zu günstigeren Preisen, der Filmpalast senkt die

Eintrittspreise sonntags für Filme bis FSK6 auf fünf Euro, diverse Restaurants bieten Ihnen einen köstlichen Mittagstisch. Hier lohnt es sich, auf jeden Fall die Augen offen zu halten.

Tun Sie sich doch als Gruppe mit anderen Touristen oder Lüneburgern zusammen. Nicht nur die Gespräche werden intensiver und der Erfahrungsaustausch interessanter, Sie erhalten häufig auch ermäßigte Gruppentickets.

Neben den etlichen Boutiquen gibt es auch die Möglichkeit, Second Hand Produkte zu kaufen. Dabei handelt es sich um gehobene Waren ohne Mängel, die Sie preiswert erwerben können. Es gibt mehrere Geschäfte in Lüneburg, die diese Form des Verkaufs anbieten, hervorzuheben ist der „Zeugladen" in der Katzenstraße, welcher zusätzlich ein soziales Projekt darstellt, indem er arbeitslosen Menschen einen neuen Wiedereinstieg in den Arbeitsmarkt ermöglicht.

# HIER FÜHLEN SIE SICH RUNDUM WOHL

Lüneburg hat zahlreiche wundervolle Hotels, Ferienwohnungen und -häuser, in denen Sie sich überaus wohlfühlen werden. Im Folgenden werden je ein Hotel und ein Appartement aufgezeigt, welche den bereits so ausführlich beschriebenen, besonderen Flair ganz besonders aufgreifen und sich zudem an sensationellen Standorten befinden.

Das „Hotel einzigartig" genießt eine hervorragende Lage direkt im Lüneburger Wasserviertel. Von hier aus gelangen Sie fußläufig direkt über den Stintmarkt in die Innenstadt. Das Hotel kombiniert, passend für Lüneburg, das Altstadtflair mit modernen Elementen. Während Steinwände im Innenbereich auf der einen Seite heimelige Gemütlichkeit ausstrahlen, wirken sie ebenso schnell erdrückend. Nicht aber in diesem Hotel, welches in einigen der Zimmer ebendiese Wände als kleine Highlights setzt und sie mit strahlend weißen Wänden vereint. Die Zimmer reichen von Einzel- über Doppel- bis hin zu Familienzimmern unterschiedlicher Größe. Dabei ist zu erwähnen, dass es sich um ein relativ kleines Hotel handelt, wodurch die heutige Anonymität in den

Hintergrund rückt und stattdessen Individualität großgeschrieben wird. Jedes Zimmer bietet unterschiedliche Besonderheiten, wie zum Beispiel eine Bank vor dem Fenster mit der schönsten Aussicht, Fußbodenheizung, Balkon oder „Rainshower-Duschsysteme". Liebevolle Akzente setzt das Hotel auch in seinem Restaurant. Wer die Crème Brûlée mit Safran verfeinert oder Hüftsteakstreifen mit einem Hauch Zartbitterschokolade kombiniert, setzt ein Statement im Bereich Kulinarik. Man merkt sofort, langweilig wird es nie. Trotzdem heben die Gerichte nicht ab, sie sind nur abgerundet, fein abgeschmeckt und ausgesprochen aromatisch.

Neben der laufenden Karte gibt es auch immer saisonale Menüs für Sie zum Genießen. Durch die langen Zeiten, die Ihnen für Ihr Frühstücksbuffet zur Verfügung stehen, können Sie in Ihrem wohlverdienten Urlaub ausschlafen oder die Seele bei einem Kaffee auf dem Zimmer baumeln lassen, bevor Sie sich ins Restaurant begeben. In diesem Hotel fühlen Sie sich als Gast, wie der Name schon sagt: einzigartig. Rückfragen und Buchungen sind möglich unter www.hoteleinzigartig.de oder unter der Telefonnummer: 04131/400 600 0.

Eine ebenso hervorragende Lage bietet das Gästehaus „Altstadtzauber". Auch hier spricht bereits der Name für sich. In dem Haus befinden sich drei Appartements für bis zu fünf Personen. Das denkmalgeschützte Gebäude wurde so für Sie hergerichtet, dass Sie alle Möglichkeiten haben, die Ihnen in modernen Häusern zur Verfügung stehen, Sie aber dennoch deutlich merken, dass Sie sich in einem fast 400 Jahre alten Haus befinden. Dieses wird offensichtlich in liebevollen, romantischen Details wie den weißen Lehmputzwänden, welche von dunklen Balken umrahmt werden, einem gemauerten Gasherd oder wunderschönen Ohrensesseln. Dabei schafft auch dieses Haus den Spagat zwischen Gemütlichkeit auf der einen, aber auch modernen Elementen auf der anderen Seite, damit es stilvoll bleibt und nicht einengend wird. Antworten auf Fragen zu Buchungen und weitere Informationen finden Sie unter www.fewo-altstadtzauber-lueneburg.de oder unter 04131/70 63 53 6.

Weitere Beispiele für Übernachtungsmöglichkeiten unterschiedlicher Preiskategorien zusammengefasst:

-Bergström Hotel

-Anno 1433

-Seminaris Hotel

-Hotel Lübecker Hof

-Hotel Bargenturm Garni

-Lüneburg Zentral

-Saltblom Apartments

-Romantikapartment Altstadt

Auch für den Restaurantbereich werden im Folgenden Beispiele näher aufgegriffen, damit Sie auch gerade zu Ihrer Anreisezeit, wenn Sie sich noch nicht konkret umschauen konnten, bereits einige Anlaufstellen kennen:

Gerade wenn Sie Ihren Urlaub in einem Appartement gebucht haben, in dem Sie für die Verpflegung selbst sorgen, gönnen Sie sich doch am Wochenende einen Besuch in der „Feinschmeckerei". Diese bietet einen herausragenden Sonntagsbrunch an. Für 19,90 Euro – inklusive Kaffee oder Tee – erhalten Sie neben einer großen delikaten Auswahl an

Wurst- und Käsevariationen, fein hergerichteten Antipasti oder ausgefallenen stimmig abgeschmeckten Salaten grundsätzlich vier warme Hauptgerichte mit Beilagen. Den krönenden Abschluss bilden dann die Desserts, welche ebenfalls jedem Gaumen etwas bieten, egal, ob Sie das Schokoladen- oder Fruchtaroma befürworten. Auch der Service lässt keine Wünsche offen. Das Personal ist grundsätzlich freundlich, hilfsbereit und beantwortet Ihnen gerne alle Fragen zum Buffet. Auch für Vegetarier gibt es eine ausreichende, köstliche Auswahl. Hier werden Sie nicht nur satt, sondern werden das Restaurant zufrieden und gestärkt verlassen. Damit Sie aber nicht doch hungrig wieder gehen, sollten Sie sich einen Tisch reservieren lassen. Dieses können Sie tun unter der Telefonnummer: 04131/2200877.

Im „Mälzer Brau- und Tafelhaus" in der Innenstadt wird es rustikal. Gerade Bierliebhaber kommen hier auf ihre Kosten. Ein kräftiges, sättigendes Hauptgericht und dazu ein frisch gebrautes Bier, das wird Ihnen im Mälzer geboten. Hier wird dieses nicht filtriert, sodass Ihnen der intensive Geschmack erhalten bleibt. Sie haben die Wahl aus mehreren Sorten, die diverse unterschiedliche Nuancen mit sich bringen. Die Karte ist umfangreich, von leichten, herrlich abgestimmten Salaten über kräftige Aufläufe bis zu gegrilltem deftigem Fleisch und herrlich süß-fruchtigen Desserts ist alles dabei. Parallel gibt es einen wechselnden Mittagstisch für etwa acht bis neun Euro inklusive Tagessuppe. Auch hier sollten Sie vorsichtshalber einen Tisch reservieren, gerade am frühen Abend hat das Mälzer Hochbetrieb. Die Telefonnummer hierfür ist: 04131/47777.

Das Restaurant „Friedas" am Wasserturm setzt auf Nachhaltigkeit in der Küche. Dementsprechend regional und saisonal sind die verwendeten Zutaten. Die Karte ist übersichtlich und trotzdem kommen Sie auf Ihre Kosten. Alle Speisen werden begleitet von harmonierenden, kreativen Beilagen, die das Gericht abrunden. Selbstverständlich betrifft dieses sowohl die Vor- als auch die Hauptspeisen. In den Nachspeisen werden klassische Desserts mit außergewöhnlichen Zutaten kombiniert, zum Beispiel Honig, Schokolade und Thymian in unterschiedlichen Darreichungsformen. Aufgrund des Gedankens der Nachhaltigkeit wechselt die Speisekarte regelmäßig, um Ihnen Produkte zu liefern, die Sie gerade in der entsprechenden Saison regional erhalten können.

Dieses gilt auch für die angebotene Mittagstisch-karte. Abwechslungsreicher und frischer geht nicht. Reservieren können Sie unter der Telefonnummer: 01573/0660543.

Weitere Restaurants mit herausragenden Spezialitä-ten sind unter anderem:

- Soraya, persische Küche: 04131/9980373
- Taj Mahal, indische Küche: 04131/6059969
- Capitol, rustikal-deftige Küche: 04131/159510
- Buona Sera, italienische Küche: 04131/37275
- Peter Pane, Burgergrill: 04131/8553040

# Rund um Lüneburg

Nun haben Sie Diverses aus der Lüneburger Stadt kennenlernen dürfen. Aber auch A-dendorf mit dem dazugehörigen Freibad und dem Kindertobeland wurde kurz erwähnt sowie Bardowick als der Ort, der mit seinen sieben Kirchen vor Lüneburgs Hochzeiten die Vorherrschaft hatte. So werden an dieser Stelle kurz einige weitere Erkundungsmöglichkeiten aus unterschiedlichen Landkreisen und naher Umgebung angeschnitten.

Wenn Sie sich besonders für Kirchen

interessieren und sich an den drei Lüneburger Kirchen noch nicht sattsehen konnten, sollten Sie Bardowick besuchen. Der „Dom zu Bardowick St. Peter und Paul" stammt ebenfalls hauptsächlich aus dem 14. - 15. Jahrhundert, die ältesten Teile des Doms jedoch bereits aus der Zeit vor dem Jahr 1189, in welchem die erste Kirche an diesem Platz weitestgehend zerstört wurde. Sie haben täglich von 9.00 - 16.00 Uhr (Von April bis September 9.00 - 17.00 Uhr) die Möglichkeit, den Dom zu besichtigen. Und wenn Sie sich bereits in Bardowick befinden, sollten Sie sich ebenfalls die 1813 errichtete Holländer-Windmühle nicht entgehen lassen, heute zu finden unter dem Namen „Meyer's Windmühle". Nach Voranmeldung können Sie diese in Aktion erleben. Anschließend sehen Sie sich gerne noch in dem Mühlenladen um. Telefonnummer: 04131/12206.

Das Scharnebecker Schiffshebewerk ist allein aufgrund seiner imposanten Größe einen Besuch wert. Als es gebaut wurde, war es das größte „Doppel-Senkrecht-Schiffshebewerk" der Welt, heute ist es nach wie vor das Größte Deutschlands. Sie kommen sich ganz klein vor, wenn Sie am Hebewerk stehen und riesige Schiffe hindurchgeleitet werden.

Unter der Telefonnummer 0170/2470910 können Sie Führungen und Schiffsfahrten durch das Hebewerk buchen, aber nicht nur das: Jörg Perleberg organisiert Ihnen auf Wunsch sogar einen ganzen Urlaubstag inklusive Hebewerktour und Verpflegung. Im Idealfall verbinden Sie den visuellen Input, den Sie durch das Hebewerk erhalten haben, mit sportlicher Auslastung, die Sie im „Kletterwald Scharnebeck" erhalten. In bis zu 15 Metern Höhe spüren Sie die Freiheit, während Sie sich über diverse Stationen arbeiten. Wenn Sie von dort aus allerdings in rasantem Tempo 435 Meter an der Seilrutsche oder im freien Fall in Richtung Boden fliegen, weicht das Freiheitsgefühl purem Adrenalin. Der Kletterpark hat geöffnet von März bis November und buchen können Sie unter: 04136/911 897.

Wenn es Sie für außergewöhnliche Ausflugsziele noch ein Stück weiter in die Ferne zieht, folgen hier noch einige der weiteren Möglichkeiten mit Angaben der Entfernung nach Lüneburg:

- Freizeitbad „Die Insel": Winsen (Luhe), 25 km
- Barfußpark Lüneburger Heide: Egestorf, 28 km
- Wildpark Lüneburger Heide: Nindorf-Hanstedt, 28 km
- Snow Dome: Bispingen, 40 km
- Ralf Schuhmacher Kartcenter: Bispingen, 41 km
- Das verrückte Haus: Bispingen, 41 km
- Schmetterlingspark: Buchholz in der Nordheide, 54 km
- Serengeti Park: Hodenhagen, 85 km

# Durchgeplant

Sie möchten einen Eindruck erhalten, wie der perfekte Wochenendaufenthalt für Sie aussehen könnte? Im Folgenden werden drei unterschiedliche Aufenthaltsmöglichkeiten aufgezeigt.

# WELLNESSWOCHENENDE FÜR DIE DAMEN

**Freitag:**

- Spätnachmittag: Anreise im Hotel oder Appartement.

- Abendstunden: Sie erkunden die Umgebung in den wunderschön beleuchteten Abendstunden, schlendern über den Stintmarkt und lassen den Abend in der Tapasbar „Pacos" bei köstlichen Kleinigkeiten und einem Cocktail ausklingen (Reservierungen unter: 04131/3030753).

**Samstag:**

- Morgen und Vormittag: Sie nehmen ein köstliches Frühstück in Ihrem Hotel oder Appartement zu sich und bereiten sich auf den Tag vor. Das morgendliche Make-up können Sie heute ausfallen lassen, denn anschließend gönnen Sie sich eine Behandlung im Kosmetiksalon „Beauty Island" im wunderschönen Bardowick. In dem ausschließlich inhabergeführten Studio herrscht eine persönliche und gemütliche Atmosphäre. Die Kosmetikerin und Fachpraktikerin für Massage, Wellness und Prävention verschönert Ihnen Ihren Samstagvormittag nach vereinbartem Termin (04131/2069786) mit einer entspannenden Massage oder einer Verwöhnbehandlung für Gesicht, Hände und/oder Füße. Wie wäre es abschließend mit einem leichten Tages-Make-up, damit Sie sich bei der folgenden Shoppingtour rundum wohlfühlen?

- Mittagszeit: Nun geht es Richtung Lüneburger Innenstadt. Sollten Sie bereits ein erstes Hungergefühl verspüren, nehmen Sie erst einmal einen kleinen Snack im „Hier und heute" zu sich, sitzen dabei genau auf dem Platz am Sande und genießen eine Weile in völliger Ruhe das Stadtleben. Anschließend haben Sie Zeit für eine ausgiebige Shoppingtour, denn die meisten Lüneburger Geschäfte haben auch samstags bis in die frühen Abendstunden geöffnet.

- Hier nehmen Sie vor allem die kleinen Boutiquen in Augenschein, lassen sich von dem fachkundigen Personal beraten und gönnen sich in Olli's Seifenkiste ein einzigartiges Stück, welches Sie als zart duftende Erinnerung mit zurück in Ihren Heimatort nehmen können (Achtung: samstags nur bis 16.00 Uhr geöffnet). Vielleicht finden Sie in der Innenstadt ja auch das „Schwangere Haus"?

- Abendstunden: Nun genießen Sie ein persisches

Menü an dem von Ihnen reservierten Tisch im Soraya (04131 / 9980373). Dieses wird abgerundet mit
einem hervorragenden Gläschen Wein.

**Sonntag:**

\- Morgen und Vormittag: Nachdem Sie Ihre Koffer
gepackt und ausgecheckt haben, gehen Sie ab 10.30
Uhr zum Brunchen in der Feinschmeckerei, den
Tisch hierzu haben Sie ebenfalls bereits reserviert
(04131/2200877). Für diesen Brunch nehmen Sie
sich ausgiebig Zeit, um alle Leckereien genießen zu
können.

\- Früher Nachmittag: Sie verbringen einen entspannten Nachmittag am Kreidebergsee bei plät-
scherndem, glitzerndem Wasser, majestätischen
Schwänen, sattgrüner Wiese und einer imposanten
Kreidebergwand.

\- Wir wünschen eine angenehme, entspannte
Heimfahrt.

# ERLEBNISWOCHENENDE FÜR DIE HERREN

**Freitag:**

- Spätnachmittag: Sie reisen in dem von Ihnen gewählten Aufenthaltsort an.
- Abendstunden: Sie nehmen ein 200 Gramm schweres, saftiges Rumpsteak im Mälzer Brau- und Tafelhaus (04131/ 47777) zu sich und genießen dabei ein kühles, frisch gebrautes Bier. Hier lassen Sie auch den Abend ausklingen. Die Auswahl unterschiedlicher Biersorten ist dafür groß genug.

**Samstag:**

- Morgen und Vormittag: Bei einem anständigen Frühstücksbuffet bei Salaten, Käse- und Wurstplatten, deftigem krossen Schinken und Rührei im Capitol (04131/159510) schöpfen Sie Kraft für den bevorstehenden Tag.
- Sie haben bereits im Vorwege einen Termin für die Henkerführung ausgemacht (0800/220 50-05). Hier lernen Sie die Rechtslage zu mittelalterlichen Zeiten kennen und freuen sich umso mehr darüber, dass Sie zu heutigen Zeiten leben.
- Anschließend besorgen Sie sich in der

Touristeninformation eine Broschüre über den Kalkberg und bei „Sandpassage Tschorn" am Sande einen Snack für zwischendurch, den Sie als Proviant mitnehmen.

- Nachmittag: Jetzt begeben Sie sich zum Kalkberg. Mithilfe der Broschüre steigen Sie diesen selbstständig hinauf und erfahren dabei interessante zusätzliche Details über die Historie dieses alten Naturschutzgebietes. Oben angekommen genießen Sie bei Ihrem mitgeführten Snack die wunderschöne Aussicht über ganz Lüneburg. Wenn Sie sich ausreichend sattgesehen haben, machen Sie sich an den Abstieg.

- Später Nachmittag: Nun geht es zurück in Richtung Innenstadt. Da Sie nach dem ausschweifenden Frühstück und den zwischendurch eingenommenen Snack lediglich ein leichtes Hungergefühl verspüren, kehren Sie ein bei „Jim Curry", einem kleinen Imbiss „Am Berge". Hier erhalten Sie unter anderem eine deftige Currywurst (vielleicht auch vegan?) mit einer herausragenden Currysoße, die Sie sogar bei Bedarf für zu Hause kaufen können.

- Abendstunden: Sie machen sich auf den Weg zu Ihrer Kneipentour. Schauen Sie doch als Erstes im

Irish Pub „The Old Dubliner" vorbei. Zu Ihrem köstlichen irischen Bier oder Whiskey genießen Sie die Livemusik der an dem Abend spielenden Band. Lassen Sie entweder den Abend hier ausklingen oder ziehen Sie los, um weitere Kneipen zu erkunden.

Hinweis: An diesem Tag benötigen Sie keinen PKW, da alle vorgeschlagenen Ziele fußläufig zu erreichen sind.

## Sonntag:

- Morgen und Vormittag: Nachdem Sie in Ruhe gefrühstückt haben, checken Sie aus Ihrem Hotel oder Appartement aus. Anschließend begeben Sie sich zum Museum Lüneburg. Hier lernen Sie die Stadt noch einmal aus frühesten Zeiten bis in unsere Zeit hinein kennen. Anschließend besuchen Sie das Museumscafé und stärken sich für die Heimreise, die Sie mittags antreten.

- Wir wünschen einen guten, sicheren Rückweg.

# FAMILIENWOCHENENDE MIT KINDERN

**Freitag:**

- Später Nachmittag und Abendstunden: Nachdem Sie in Ihrem Hotel oder Appartement angekommen sind, begeben Sie sich zu „Vom Fass" am Anfang der Innenstadt. Für gemütliche gemeinsame Abendstunden kaufen Sie sich hier nach fantastischer Beratung den zu Ihnen passenden Wein oder einen köstlichen Likör. Wie wäre es zum Beispiel mit dem Lüneburger Heide Likör?

- Anschließend genießen Sie die frühen Abendstunden gemeinsam im Kurpark. Toben Sie sich nach Ihrer Fahrt noch einmal gemeinsam auf dem Spielplatz und den Grünflächen aus. Vergessen Sie auch nicht, am Gradierwerk die salzgeschwängerte Luft tief einzuatmen, ebenso wie den Rosen- und Kräuterduft im Kräutergarten.

- Abendstunden: Anschließend verbringen Sie den Rest des Tages in Ihrer Unterkunft. Nachdem Ihr Kind schläft, genießen Sie Ihren erworbenen Wein oder Likör – vielleicht auch auf Ihrem Balkon mit schöner Sicht auf das Wasser?

**Samstag**:

- Morgen: Sie nehmen ein schmackhaftes Frühstück in Ihrem Appartement oder Hotelrestaurant zu sich. Nun haben Sie genug Kraft für den auf Sie zukommenden Tag.

- Den Samstag verbringen Sie in Scharnebeck. Zuerst begutachten Sie das beeindruckende Schiffshebewerk. Wie wäre es mit einer Tour mit dem Schiff mitten durch das Hebewerk hindurch? Hierüber haben Sie sich im Vorfeld unter der Nummer 0170/2470910 informiert.

- Mittag: Anschließend stärken Sie sich im Restaurant „Rusticus" (04136/400) mit einer deftigen Hauptmahlzeit. Achten Sie aber darauf, sich nicht zu übersättigen, denn für Ihr folgendes Ausflugsziel sollten Sie sich gut bewegen können.

- Früher Nachmittag: Nun nehmen Sie an einer von Ihnen unter der Telefonnummer 04136/911 897 gebuchten Klettertour im Kletterpark Scharnebeck teil. Gemeinsam mit Ihrem Kind steigen Sie in auf Sie angepasste Höhen und erleben ein Hochgefühl, wenn Sie am Schluss wieder den sicheren Boden unter den Füßen spüren.

- Später Nachmittag: Bevor Sie die Abendstunden

genießen, machen Sie noch einen Abstecher in die Lüneburger Innenstadt. Gemeinsam schauen Sie sich die Altstadt an. Erklären Sie doch Ihrem Kind, warum Lüneburg durch das Salz so reich geworden ist, dass so prächtige Bauwerke entstehen konnten. Nehmen Sie anschließend ein Abendessen bei „Nordsee" zu sich. Hier erhalten Sie frischen Fisch in köstlichen Variationen, das Highlight für Kinder sind meist die deftigen Fischbrötchen oder krossen Fish and Chips mit cremiger Remouladensoße.

- Abendstunden: Ihr Kind ist sicher von dem ereignisreichen Tag erschöpft. Begeben Sie sich auf den Weg in Ihre Unterkunft. Wenn Ihr Kind sich im Bett befindet, gönnen Sie sich den Rest Ihres gestern gekauften Weines oder Liköres.

**Sonntag:**

- Morgen und Vormittag: Nachdem Sie Ihre Koffer gepackt und verladen haben, nehmen Sie Ihr Frühstück im Peter Pane (04131/8553040) ein. Haben Sie bereits schon einmal einen Rühreiburger verspeist? Diesen und weitere Frühstücksvariationen erhalten Sie hier.

- Nun machen Sie sich auf den Weg in das

angrenzende Adendorf. Hier überlegen Sie, ob Sie mehr Lust auf Toben im Kindertobeland oder Baden im Freibad haben. In beiden Fällen powern Sie sich noch einmal gemeinsam aus.

- Früher Nachmittag: Sie nehmen vor Ort noch einen leckeren Mittagssnack zu sich, aber lassen Sie sich noch ein wenig Platz, denn anschließend besuchen Sie das dem Freibad und Tobeland gegenüberliegende Eiscafé „Mancini", wo Sie eine umfangreiche Auswahl an erfrischendem, eigens hergestelltem Eis erhalten.

- Nach einem abwechslungsreichen Wochenende wünschen wir Ihnen einen sicheren Heimweg.

# Lüneburg im Überblick

**N**un haben Sie einen umfangreichen Überblick über die Hansestadt Lüneburg und ihre Umgebung erhalten können. Am Rande sei noch erwähnt, dass Sie selbstverständlich die Möglichkeit haben, mit Ihrem PKW anzureisen, es jedoch in der Nähe zur Innenstadt ebenfalls einen Bahnhof gibt, in den täglich Züge aus ganz Deutschland einfahren. In der näheren Umgebung Lüneburgs gibt es gute Busverbindungen, die Sie nutzen können. Innerhalb der Lüneburger Innenstadt dürfen Sie ohnehin keinen PKW nutzen. Lediglich wenn Sie während Ihres Aufenthaltes Ausflugsziele in weiterer Entfernung zu Lüneburg besuchen möchten, sollten Sie sich über mögliche Verbindungen informieren, um abzuwägen, ob ein PKW sinnvoll wäre.

Wir hoffen, Sie konnten sich ein anfängliches Bild von Lüneburg machen und haben bereits jetzt eine Ahnung, wie Sie sich Ihren Aufenthalt vorstellen. Mit den zahlreichen Möglichkeiten, die die Wünsche eines jeden Geschmacks erfüllen, werden Sie sicher nicht enttäuscht. Wir wünschen Ihnen eine zauberhafte Zeit und freuen uns darauf, Sie hier in der Stadt begrüßen zu dürfen.

# Packliste

## Geld & Finanzen

O (evtl.) Auslandswährung
O Bargeld
O Bauchtasche
O Brustbeutel
O Bauchtasche
O EC-Karte
O Kreditkarte
O Notfall-Telefonnummern der Banken
O Portmonee

## Hygiene

O Haarbürste / Kamm
O Deo (klein)
O Shampoo
O Kulturtasche
O Sonnencreme
O Taschentücher

O Reise-Zahnbürste und Zahnpasta
O Verhütungsmittel

## Kleidung

O Badeklamotten
O Gürtel
O Hosen kurz / lang
O Mütze / Cap / Hut
O Pullover
O Regenjacke
O Schlafanzug
O Socken
O Sonnenbrille
O Sportklamotten / Jogginghose
O T-Shirts
O Unterwäsche

## Medikamente

O Blasenpflaster
O Anti-Durchfalltabletten
O Erste-Hilfe-Set

O Fiebertabletten

O Fiebertabletten

O Mückenschutz

O sonstige Medikamente

O Pflaster

O Kopfschmerztabletten


## Unterlagen & Papiere

O ADAC Unterlagen

O Adresslisten für Postkarten

O Krankversicherungsnachweis

O Stadtplan

O Führerschein

O Unterlagen für die Unterkunft

O Wasserdichte Hülle für Reiseunterla-

gen

O Impfausweis

O Mietwagenunterlagen

O Personalausweis

O Reisepass

O Reisetagebuch

O evtl. Studentenausweis

O evtl. Visum

O Zug- / Bahn- / Flugticket

## Taschen & Rucksäcke

O Koffer / Trolley / Reisetasche

O Regenhülle für Rucksack

O Rucksack

## Schuhe

O Badeschlappen / Hausschuhe

O Schuhe und Wechselschuhe

## Sonstiges

O Brille / Kontaktlinsen und Etui

O Buch zum Lesen

O Ohrenstöpsel und Schlafmaske

O Regenschirm

O Reisedecke

O Wasserflasche

O Wörterbuch

## Elektronik

O Digitalkamera

O Handy

O Ladekabel

O Kopfhörer

O evtl. Steckdosenadapter

O Power-Bank

Herstellung und Verlag:

BoD – Books on Demand, Norderstedt

ISBN: 9783750487871

1. Auflage

Kontakt: Psiana eCom UG/ Berumer Str. 44/ 26844 Jemgum

Covergestaltung: Fenna Larsson

Coverfoto: depositphotos.com